AF359036

L'ALEXANDRIE DES PTOLÉMÉES

L'ALEXANDRIE

DES

PTOLÉMÉES

PAR

Augustin MARRAST

PAU

IMPRIMERIE ET LITHOGRAPHIE VERONESE

RUE PRÉFECTURE, 11

1876

L'ALEXANDRIE DES PTOLÉMÉES

La plus jeune des villes de l'ancien monde, improvisée par le conquérant macédonien, était bientôt devenue la première, la mieux faite pour le rôle de capitale d'un empire universel, comme son fondateur le crût, et comme la dernière des Lagides, « l'Hélène du Nil », Cléopâtre, le rêva encore. Trois siècles avant Jésus-Christ, l'Alexandrie des Ptolémées l'emportait par la population, la grandeur et la richesse sur Carthage, sur Athènes, même sur l'orgueilleuse Rome.

A sept stades de la côte, l'île où brille le Phare dédié aux dieux sauveurs, barre le golfe compris entre les deux pointes de terre qui embrassent Alexandrie. Ses deux extrémités forment un port divisé en deux moitiés presque égales par l'Heptastade, gigantesque môle qui la relie à la ville. Un canal naviguable, appelé rivière de Canope, qui joint le lac Mareotis à la mer, aboutit à un second port creusé de main d'homme. A gauche de l'Heptastade, une petite île pleine de jardins, Antirhodus, fait face au port du palais des Lagides. Sur un roc s'élève le Posidion, ou temple de Neptune.

Comme le Palerme actuel, Alexandrie est entièrement traversée, du nord au sud, de l'est à l'ouest, par deux Corsos qui se croisent à angle droit. L'un court de la Nécropole à la porte de Canope, l'autre de l'Heptastade à la porte du Soleil. Larges de 30 mètres, et bordés de portiques à colonnes, ils forment, en se rencontrant, l'Agora d'Alexandrie, voisine du Sòma, ou tombeau d'Alexandre, qui donne à cette ville sans passé une incomparable magie.

Dans le rayon des deux ports, vers le nord, se succèdent les palais royaux qui ne sont que la maison grecque démesurément agrandie et gâtée par le faste oriental, la bibliothèque, le museum, les théâtres et les temples helléniques. Au sud du Corso longitudinal, une autre région de la ville grecque contient le stade, le gymnase, l'amphithéâtre, les dicastères. A l'ouest, les masses de la citadelles et du serapeum, le temple d'Isis projeté par le conquérant et bâti par ses successeurs, signalent le quartier égyptien, peuplé surtout d'artisans : tisseurs de lin, brodeurs, souffleurs de verre. Il touche au quartier juif qui s'étend jusqu'à la porte de Canope, devant laquelle, hors de l'enceinte, se dresse le colossal hippodrome où peut prendre place toute la population de la cité. Le faubourg de l'hippodrome se prolonge jusqu'à la rivière de Canope. Un autre faubourg s'est formé autour de la Nécropole. Des grottes sépulcrales trouent les rochers de la côte. La fumée des bûchers helléniques monte dans l'air, pendant que, dans les sombres galeries des catacombes, les embaumeurs égyptiens accomplissent leur œuvre funèbre (1).

Dans les emporia qui bordent le circuit du grand port, s'amoncellent le blé, le papyrus, les voiles et les tapis de Memphis, les cristaux et les porcelaines de On, les coupes Alassontes avec figures dont la couleur change suivant l'aspect sous lequel on les regarde, tous les produits de l'agriculture et de l'industrie égyptiennes. Les caravanes venues de l'Afrique intérieure par la voie de Cyrène et des Oasis, le canal de Philadephe qui joint la mer d'Egypte au port de la mer rouge qui reçoit les vaisseaux arrivant de l'Inde et de l'Arabie, y déposent l'or de Chrysé et du pays des Sabéens, la soie et l'ivoire, les épices et les aromates. Autour des marchands grecs, syriens, carthaginois, italiotes, s'agite une nuée d'interprètes. Les grands navires à la flamme rouge, portant à l'arrière un chénisque doré, à la proue l'image d'un dieu, touchent aux quais de granit. Ceux-ci mettent à la voile pour l'Attique, chargés de blé. C'est un don du roi. Athènes, devenue une ville d'histrions, de déclamateurs et de courtisanes, n'est plus que la cliente, le parasite des Ptolémées. D'autres portent à Rhodes et à Carthage, les balistes, les catapultes, toutes les puissantes machines de guerre perfectionnées par les ingénieurs d'Alexandrie. Des statues de granit rouge et de basalte noir gisent sur les quais comme des cadavres gigantesques. Ce sont les nouveaux dieux à la mode dont l'Egypte pourvoit tout le monde gréco-oriental, des Sérapis, des Harpocrate, des Anubis, des Memnon. Un vaisseau corinthien débarque des dieux grecs. Porter

(1) Voir Kiepert. *Zur topographie des alten Alexandria, mit einem plan.* Berlin, Reimer, 1872. — *Dictionnaire de l'académie des beaux-arts.* Art. Alexandrie T. 1, p. 347 à 356. Paris, Didot.

des dieux en Egypte, c'est porter des hiboux à Athènes. N'importe, ils trouveront des adorateurs. Des bandes d'esclaves stationnent près des échelles d'abordage. Alexandrie, comme Syracuse, est « l'école des esclaves ». C'est là qu'on les dresse à tous les métiers, qu'on les assouplit à tous les arts raffinés et luxurieux. Les *pueri alexandrini* sont célèbres. La grande ville envoie partout, jusque chez les rois Indiens et Parthes, des cuisiniers, des grammairiens, des bouffons, des philosophes, des musiciens, des danseurs.

Dans les rues, bâties en ligne droite pour donner carrière aux vents étésiens qui soufflent du nord, se presse une foule cosmopolite, aux mille aspects, agitée et bruyante : Grecs en tunique et en schlamyde ; Egyptiens au teint brun-rougeâtre portant la calasiris aux manches courtes serrée au-dessus des hanches, noirs enfants du désert; Indiens, Persans, Juifs, Sabéens, Carthaginois. Les lourds Phalangites-Macédoniens défilent avec leurs boucliers incrustés d'argent et leurs piques démesurées. Des cavaliers Thraces escortent des esclaves et des éléphants destinés à l'armée du roi, pris dans la grande razzia qui a lieu tous les ans dans l'Ethiopie intérieure. Un ramassis d'hommes de races à demi-bestiales, Troglodytes, Macrobiens, Ichthyophages, marche avec les puissants animaux. On y remarque jusqu'à ces fabuleux Pygmées dont les modernes ont si longtemps nié l'existence, et que l'on vient de retrouver sous le nom d'Akkas (1). Près du stade, un philosophe disserte sur « l'état passager et l'état permanent », pendant qu'un peu plus loin, des pénitents d'Isis, en robes couleur de safran, les bras nus et des épées à la main, dansent et hurlent au bruit des cymbales. Dans une salle de lecture installée sous le portique d'un temple, un sophiste, grimé comme un acteur, déclame à propos des malheurs d'Hécabe ou de la mort de Démosthène ; assis au pied d'une colonne, un moine boudhiste, en haillons, annonce à quelques humbles la bonne nouvelle des bords du Gange, l'évangile de Çakyâ-Mouni (2) ; qui sait où germeront

(1) *Revue des Deux-Mondes*. N° du 1er mars 1875. *Voyage au cœur de l'Afrique*. Les Niams-Niams et les Akkas.

(2) Les missionnaires boudhistes venus du Pendjab par la Perse, pénétrèrent en Syrie, en Egypte et jusqu'en Asie mineure. Albrecht Weber. — *Histoire de la littérature indienne*, p. 438. Traduction Sadous Paris, Durand. 1859.

ces semences mystérieuses ? Un roi grec de la Bactriane, pèlerin du tombeau d'Alexandre, s'arrête pour regarder des hommes en toge blanche bordée de pourpre qui fendent la foule d'un air grave et fier. Ce sont les ambassadeurs de la grande République de l'ouest, encore rude et pauvre, mais déjà redoutée. Sortis il y a peu de jours de leur ville obscure et montueuse, de leurs demeures étroites où les lares de bois et les bustes de cire peinte des aïeux, décorent seuls l'atrium enfumé, ils contemplent avec un étonnement hautain cette civilisation éblouissante et à double face, ces obélisques dressés devant des temples corinthiens, ces processions de dieux inconnus. Ils arrivent au vestibule du palais où veillent les Argyraspides de la garde macédonienne, et sont introduits près du Lagide qui joue de la cithare, ou disserte avec un grammairien. Après le banquet, où il a fait distribuer à ses hôtes des couronnes d'or comme à des rois, Ptolémée les conduit par de longs portiques de marbre dans son parc plein d'arbres exotiques et d'animaux rares, leur montre sa bibliothèque, ses tableaux, son baguier, leur donne des livres et des pierres gravées. Puis, il monte avec eux dans sa galère de parade, palais flottant de dimensions colossales, aux trois étages de galeries portées par des colonnes enguirlandées de fleurs d'or et de pourpre.

Le groupe le plus nombreux et le plus important de la population d'Alexandrie était la colonie grecque, formée de tous les émigrants de race hellénique qui s'étaient rassemblés autour des Macédoniens de Ptolémée Lagus, et qui, depuis, n'avaient pas cessé d'y affluer. C'était un élément trouble, mais merveilleusement actif et intelligent, mobile, railleur, avide de nouveautés, prompt à l'émeute. L'Egyptien, sombre, indolent, passif, plié depuis des siècles au régime des castes et aux lois rigides qui enchaînaient ses pas et réglaient tous les actes de sa vie, jusqu'à son hygiène, le contraire du citoyen de Rome et de l'Hellène artiste et libre-penseur, vivait paisible, toujours conduit par ses prêtres que l'adroite politique des Ptolémées avait entièrement ralliés à leur cause. Les Juifs, au nombre de 30 ou 40 mille peut-être, jouaient déjà un rôle important. La pauvreté de leur pays, les invasions successives, les persécutions des Séleucides, les avaient jetés en masse à Alexandrie où ils jouissaient des droits civils et d'une entière liberté religieuse. Le gouvernement avait poussé la tolérance à leur égard jusqu'à leur accorder le temple de Bubas-

tis pour y célébrer leur culte. Ils étaient exempts du service
militaire. Pourtant, ce peuple fanatique et théocrate, volontaire-
ment cantonné dans son quartier, se montrait insociable, intrai-
table, disant raca à cette société brillante, à ses temples, à ses
pompes, à ses arts, comme s'il devinait le triomphe de l'idée réno-
vatrice qu'il portait en lui (1). Aussi, était-il exécré du reste des
habitants, surtout des Grecs. Cette haine séculaire causa, sous les
Césars, dépouvantables massacres. Après la ruine de Tyr, beaucoup de Phéniciens s'étaient aussi fixés à Alexandrie. Restaient de
très-nombreux étrangers et les soldats mercenaires, Macédoniens
et Grecs, Thraces, Gaulois, Ethiopiens, Indiens conducteurs
d'éléphants de guerre. Le noyau de l'armée consistait dans la
phalange et dans la garde royale composée en partie de Macédoniens qui aimaient à servir sous des rois de leur race. C'étaient
des soldats solides, rudes, fidèles, parlant à leurs souverains avec
une entière liberté (2).

Sur ce monde mêlé régnaient des rois hellènes, despotes sans
doute, mais despotes habiles, tolérants, artistes, préoccupés du
bien-être de leurs sujets, tirant un merveilleux parti des immenses
ressources du pays. La plupart des Ptolémées furent des souverains intelligents ; les trois premiers furent des hommes supé-
rieurs. La dynastie régna trois cents ans, et l'on n'entrevoit pas
le terme de sa durée, si, comme toutes les maisons royales
fondées par les Diadoques, elle n'avait rencontré le bras d'airain
de Rome. Il se produisit, il est vrai, dans son sein, des compéti-
tions désastreuses et d'horribles tragédies de palais. Ces épithètes
de Philopator, Philométor, Philadelphe, inscrites en écriture
sacrée sur les parois des temples, purent souvent paraître avec
raison une sanglante ironie aux yeux de la foule. L'émeute était
fréquente dans la métropole, mais ne s'attaquait pas à la dynastie.
La population grecque aimait les Lagides qui brillaient toujours
du prestige de leur aïeul et du grand Alexandre. Presque toujours,
le soulèvement, quand il n'en voulait pas aux Juifs, se produisait
à l'occasion des cruautés et des rapines de quelque favori, grec
rusé ou ennuque oriental, gouvernant des princes faibles et

(1) Ceci n'est vrai que d'une manière générale, plus d'un juif fut en
faveur à la cour des Ptolémées. — Voir : Siegfried. *Philo von Alexandria*
iéna, 1875.

(2) Polybe. xv, 30, xxxiv, 14.

ensevelis dans les plaisirs comme épiphanes. Alors, à la suite d'un meurtre ou d'un retard dans les distributions de blé, les pamphlets et les épigrammes circulent, les murs et les colonnes se couvrent d'inscriptions menaçantes. Sur les terrasses, comme à Carthage, vocifèrent les femmes et les enfants. L'agora, la place du théâtre, les vastes espaces découverts devant le serapeum, le palais et le stade, se remplissent d'hommes réclamant avec des clameurs furieuses la chûte du favori. Parfois, la révolte est durement réprimée par les soldats. Parfois aussi, la garde Macédonienne pactise avec elle, force les portes de la demeure royale, inonde les galeries. L'objet de la haine publique, abandonné par le souverain, est immolé. Sa maison est pillée et brûlée. Sa femme, ses enfants, ses parasites, ses courtisanes sont massacrés avec des raffinements inouïs de cruauté. La populace égyptienne sort ce jour-là de sa torpeur et dépasse les autres en férocité. (1)

Cette grande cité industrielle et commerçante, par un phénomène qui ne s'est guère revu que de nos jours, était en même temps le centre d'un prodigieux mouvement littéraire et scientifique. Tous les successeurs d'Alexandre se firent gloire de protéger les lettres et les arts, et ne faillirent pas à la mission commencée par le conquérant, l'hellénisation de l'Orient, mais la meilleure part de cette œuvre revient aux Ptolémées ; leur richesse, leur libéralité, leur dilettantisme, la perspective de jouir à l'ombre de leur trône d'une sécurité et d'un loisir que la Grèce épuisée, déchirée, ne permettait plus, groupèrent autour d'eux la plupart des hommes éminents de l'époque. La science, nous le verrons, fit des pas de géant. L'art proprement dit, et surtout, le premier de tous, la poésie, déclina de plus en plus.

La moisson est faite. (Quelle moisson il est vrai !) Le sol tourmenté ne donne plus que des fruits aux couleurs pâles, sans odeur ni saveur, imitations élégantes des formes classiques, ou *monstres grammatico-poétiques*, comme Niebuhr appelle l'Alexandra de Lycophron, le type du genre. Théocrite et Callimaque brillent d'un doux éclat. L'épopée artificielle d'Apollonius n'est pas sans charme. Mais les exploits d'Alexandre n'inspirent aucun

---

(1) Voir le récit de la chute d'Agathocle dans Polybe. Livre **XV**, chapitre 25 à 33.

poème digne du héros qui enviait surtout à Achille d'avoir été
chanté par Homère. Les rois instituent des jeux d'Apollon,
concours poétiques d'où il ne sort rien de vivant. La pléiade
tragique et comique d'Alexandrie, plus nombreuse que celle
d'Athènes, est d'une déplorable fécondité. Les lyriques devien-
nent fades. On chante la chevelure de Béténice, que l'architecte
Conon, bon courtisan, a mise au rang des constellations. La
langue se gâte. Du contact des idiômes Syriens, Juifs, Persans,
avec le Grec, est né le nouveau dialecte Alexandrin, moitié
hellénique, moitié oriental. C'est l'ère des histoires de la littérature, des anthologies, des recueils de toute sorte, sérieux,
comiques, licencieux, puérils.

Bien au-dessous encore de ceux qui s'efforcent en vain de
continuer la grande tradition littéraire, pullulent les funambules
de l'art, qui écrivent des poésies en forme d'œuf, d'oiseau, de
hâche, des odes que l'on peut lire à rebours, ou dont chaque
vers a le même nombre de lettres. L'auteur d'une ode à Philadelphe réussit à y nommer toutes les villes soumises à la domination du roi. Des jongleurs qui s'intitulent poètes homériques
traitent sur commande le premier sujet venu en employant des
vers et des centons d'Homère. Un autre publie une *Contr'Iliade*
en vingt-quatre rhapsodies, car Homère qui, comme un dieu, a
son temple dans la ville (l'Homérion) trouve aussi des blasphéma-
teurs. Il y a des asmatographes, des épistolographes, des épitha-
lamographes, etc. On met en vers l'astronomie, la botanique, la
tactique. « Qui chasse la poésie du monde ? Les poètes. » C'est
Goëthe qui l'a dit.

L'histoire se change en dissertations et en monographies. On
entasse des matériaux utiles, mais on ne sait plus élever de
monument. L'éloquence politique est morte avec la liberté.
L'orateur est remplacé par le sophiste, par l'homme qui parle
bien et qui parle de tout. Il y en a de tous les ordres, depuis le
déclamateur famélique qui pérore sur les places ou dans les
boutiques, jusqu'au conférencier à la mode, qui, dans une salle
splendide, disserte à prix d'or *de omni re scibili*, sur la guerre de
Troie ou sur les campagnes d'Alexandre, sur l'Inde ou les régions
Cimmériennes, sur le souverain bien, sur l'ombre, sur la goutte.
Il a ses claqueurs comme les comédiens en renom qui ne dé-
daignent pas d'étudier ses gestes et son débit. Les hétaïres

l'écoutent pour recueillir ses mots piquants qui sont un de leurs plus puissants moyens de séduction. Sa voix est si suave que ceux même qui ne comprennent pas le grec assistent à ses leçons et jouissent de sa parole comme d'une musique. Ses tours de force de mémoire achèvent de le rendre un homme extraordinaire. Il est riche et célèbre : on lui érige des monuments et des statues.

Mais si le grand art ne vivait plus que dans les œuvres du passé, la science, dont le foyer principal fut pendant des siècles le Muséum d'Alexandrie, donnait à l'ère des Ptolémées un éclat incomparable. (1)

Le Muséum occupait dans le quartier grec le vaste emplacement compris entre le palais des rois et le stade. Une promenade plantée d'arbres précédait les portiques voûtés qui l'entouraient de toutes parts. Des cours séparaient les nombreux bâtiments. Le portique principal conduisait aux logements des savants, où ils ne se retiraient guère que la nuit, car le jour se passait en causeries à l'ombre des colonnades décorées de statues, en études dans la bibliothèque et les laboratoires. Le soir, la grande salle réunissait pour le repas en commun tous les membres du cénacle autour d'une table circulaire. Parfois, un hôte inattendu se présente : c'est le roi.

La dernière cour touchait à la bibliothèque, riche de sept cent mille volumes, et contenant dans d'innombrables salles ornées des bustes et des statues des auteurs célèbres, les productions les plus remarquables de l'esprit humain, chez toutes les nations connues. On peut se faire une idée de son étendue quand on sait que les éditions d'Homère, publiées par les critiques Alexandrins, (il y en eut plus de quarante), ne formaient pas moins de mille rouleaux de papyrus, et avec la masse bien plus énorme de ses commentateurs, occupaient une salle tout entière. De toutes parts affluaient les savants grecs et étrangers; un monde de scribes et d'ouvriers travaillait incessamment à confectionner et à expédier des livres. L'habitude de dicter en même temps à une foule de copistes exercés les multipliait avec une rapidité que nous avons peine à concevoir. Le prix n'en était pas plus élevé

(1) Parthey, *Das Alexandrinische museum.* — Berlin, **1838**.

qu'aujourd'hui, et ils formaient un article très-important d'exportation.

La bibliothèque était le quartier général des philologues et des grammairiens qui s'appliquaient à transmettre à la postérité les chefs-d'œuvre de la littérature hellénique sous leur forme la plus claire et la plus correcte. Aristarque, après tant d'autres, donnait une édition d'Homère qu'on pourrait croire définitive. Hésiode, Pindare, Sophocle, Aristophane, Bacchylide, Démosthène, Ion, Isée, etc., étaient édités avec commentaires grammaticaux et historiques. Les grammaires, les dictionnaires, les glossaires abondaient. On publiait des recueils de mots rares ou tombés en désuétude. Tous les dialectes et sous-dialectes grecs (Argien, Rhégien, Himéréen, Syracusain, etc.), étaient classés et définis. On étudiait la métrique, la rhythmique, les accents.

Sans doute, dans leur désir de tout ramener aux formes classiques, les critiques Alexandrins cédèrent trop souvent à la tentation de corriger, d'émonder, d'*embellir* les œuvres du passé, celles surtout dont le texte était flottant et douteux. Au-dessous des Aristarque, des Callimaque, des Aristophane de Byzance, il y eut les éplucheurs de syllabes, les commentateurs plats et puérils. Les railleurs (ils abondaient à Alexandrie), ne ménagèrent pas les épigrammes à ces grammairiens « qui, pareils à des
« cyclopes, mettent les livres en pièces, ou les rongent comme
« des mites, meute de zénodote, satellites de Callimaque, raffolant
« du *sphin* et du *min*, dévorant les racines de l'arbre au lieu
« d'en cueillir les fleurs, recherchant si Polyphème avait des
« chiens, etc. (1) »

Dans les salles d'anatomie du Museum, on ne se bornait pas à l'examen des cadavres. Parfois, des gardes amenaient des condamnés qui, disséqués vivants, servaient aux débats des dogmatiques et des empiriques. Hérophile décrivait le cerveau humain et croyait reconnaître dans la quatrième cavité le siége de l'âme. Erasistate donnait une nouvelle théorie de la respiration, et devinait presque la circulation du sang. On étudiait les ramifications des nerfs, le rhythme du pouls dans les diverses maladies, et son rapport avec les mouvements du cœur. L'école médicale d'Alexandrie, d'où devait sortir Galien, fut bientôt la première du

______

(1) *Anthologie*. Tome I. page 434. Edition Hachette.

monde. Dans un laboratoire de pharmacie, on préparait les remèdes, on expérimentait les poisons. C'est là que fut élaboré le fameux contre-poison de Mithridate, formé, d'après Galien, de la combinaison de trente-neuf substances différentes. Les naturalistes et les botanistes trouvaient dans l'enceinte du Museum une ménagerie peuplée des animaux les plus rares et des jardins où croissaient les végétaux de l'Egypte, de l'Inde et de l'Arabie.

Les astronomes avaient leur observatoire, pourvu de tous les instruments usités à cette époque ; clepsidres, horloges hydrauliques, gnomons, scaphes, astrolabes, armilles solsticiales. Une cour carrée contenait le grand cercle de bronze qui servait à l'observation des équinoxes. Aristylle et Timocharès déterminaient la place des étoiles fixes. Aristarque de Samos reconnaissait le premier leur énorme distance de la terre et pressentait le double mouvement de notre globe sur lui-même et autour du soleil. Hipparque créait les tables astronomiques. La géographie scientifique et mathématique était fondée. Les conquêtes d'Alexandre, les voyages de Néarque avaient donné à cette science une impulsion extraordinaire. Agathocle décrivait la Mer Rouge, l'infatigable Eudoxe allait deux fois dans l'Inde. On dressait, un peu tôt, la carte du monde. Les longitudes et les latitudes géographiques de la terre étaient calculées d'après les éclipses de lune et la mesure des ombres. Érathosthène de Cyrène se préoccupait de l'égalité de niveau de toutes les mers extérieures qui enveloppent les continents, et mesurait la distance de Syène à Alexandrie pour établir approximativement la circonférence de la terre. On créait l'optique expérimentale. Les travaux d'Euclide, de Métrodore, d'Apollonius de Perges, les grands mathématiciens du Museum, ne devaient être dépassés qu'au XVIe siècle (1).

On a comparé à tort le Museum d'Alexandrie aux Académies de Paris et de Berlin, aux Collèges d'Oxford et de Cambridge. C'était une société scientifique tout-à-fait à part, comme on n'en a jamais revu depuis, une *universitas litterarum* dans le sens absolu du mot, créée par les Ptolémées avec une étonnante largeur d'esprit.

Les savants, au nombre de 100 environ, (ce nombre s'accrut sous les empereurs romains) étaient nommés par le roi, probable

(1) Voir Humboldt. *Cosmos*. t. I (passim).

ment sur la présentation de la compagnie. Ils étaient logés gratui-
tement et jouissaient d'un traitement considérable. Le Museum,
considéré comme une personne civile, pouvait recevoir des dona-
tions et possédait de grands biens. Chacune des écoles philo ·
sophiques et des sections savantes avait son directeur ; tous ces
directeurs formaient un conseil d'administration sous la présidence
purement honorifique du grand-prêtre de Sérapis, nommé par le
roi. C'était un trait de génie du fondateur de l'institution,
Ptolémée II, d'avoir placé les lettres et les sciences sous le patro-
nage de la religion.

Les membres du Museum n'étaient nullement tenus d'enseigner ;
leur seule obligation consistait à consacrer leur temps et leurs
efforts à l'avancement des sciences. La plupart, cependant, grou-
paient autour d'eux des disciples. Ce n'était pas là un enseigne-
ment officiel, régulier, *ex-cathedrà*, mais de libres entretiens, des
conférences à l'ombre des arbres de la promenade, sous les portiques, dans la bibliothèque.

La science des sciences, la philosophie, n'était pas oubliée au
Museum. Aristote et Platon, cette double étoile qui s'était levée
le siècle précédent, dans le ciel de la philosophie grecque, y
continuaient leur antagonisme éternel dans la personne de leurs
successeurs. Le platonicien rêveur, respectueux pour les mythes
sacrés tout en les interprétant, le péripatéticien froid et sagace,
l'épicurien contempteur des dieux, le sectateur du portique se
raidissant contre la tyrannie militaire qui pesait partout sur le
monde civilisé, le pyrrhonien, ce jongleur ingénieux et subtil,
fraternisaient et disputaient tout le jour dans ce couvent philoso-
phique. Il n'y manquait pas non plus de ces penseurs que les
anciens appelaient *isolés*, qui ne relevaient d'aucune école, et
cherchaient la vérité tout seuls. La philosophie dite Alexandrine
n'était pas née. Ce n'est que beaucoup plus tard que les néo-
platoniciens, les pythagoriciens, les éclectiques, devinrent thau-
maturges, mystagogues, apôtres d'une religion nouvelle déguisée
en philosophie et destinée à se perdre dans le christianisme.

La plus complète liberté de penser et d'enseigner régnait au
Museum. Théodore l'athée y développa ses doctrines. Straton, de
Lampsaque, qui professait le déterminisme absolu, devint le pré-
cepteur de Philadelphe. Hegesias Peisithanatos qui, devançant
Hartmann et Schopenhauer, prêchait que la vie est un mal auquel

il faut se hâter d'échapper, ne se vit interdire d'enseigner, par ordre du roi, qu'après que ses leçons eurent poussé plusieurs de ses élèves au suicide.

Par contre, la capitale de la philosophie et de la libre-pensée était en même temps, comme cela ne manque jamais d'arriver, le théâtre de toutes les superstitions et de tous les délires. La démarcation, que les hellènes furent si longtemps jaloux de maintenir dans la politique, l'art, la religion, les mœurs et le langage entre eux et l'élément *barbare*, allait s'effaçant de jour en jour. La digue est rompue, l'olympe officiel est envahi de toutes parts. Les dieux de la Grèce, toujours adorés dans des temples magnifiques, commencent à pâlir devant les divinités orientales, expression du culte orgiastique de la nature, la Mylitta Babylonienne, le Mythra de la Perse, l'Esculape de Pergame, Athys, Adonis. Parmi les nouveaux dieux, il y a des hommes; Alexandre a ouvert la voie, il est devenu le Bacchus indien ; car lui, un mortel, a réalisé la légende du fils de Sémélé, il est rentré à Babylone après avoir fondé des villes, érigé des autels, planté la vigne, dompté et civilisé les barbares. Proclamé fils de Zeus par l'oracle d'Ammon, il a créé de sa propre autorité un dieu nouveau, Éphestion, précurseur de cet autre dieu, Antinoüs. Les Lagides, rois et reines, prennent les noms et les attributs divins ; ils sont dieux épiphanes, eucharistes, soleils vivants. Cléopâtre sera la nouvelle Isis. Ils ont leurs prêtres et leurs temples, (Berenikion, Arsinoéon). Bientôt Évehmère dira que tous les Olympiens ont été des hommes ; les oracles, qui furent si longtemps en Grèce de sérieuses institutions politiques dictant les arrêts de la raison et du patriotisme sous forme religieuse, ont perdu ce caractère depuis que le monde hellénique s'est partagé en *tyrannies* absolues et disent aujourd'hui la bonne aventure pour de l'argent.

Impossible d'énumérer tous les dieux, les génies, les démons dont les sanctuaires remplissaient Alexandrie. Si les philosophes niaient tout, la foule adorait tout, des serpens ailés, des poissons barbus, des oiseaux, des œufs, des boucs, des phallus. Les magiciens en vogue recevaient les honneurs divins. L'adorateur du feu, le Juif Kabbaliste, l'hiérophante égyptien, l'astrologue de Chaldée, avaient leurs cavernes de Mithra, leurs cryptes, leurs oratoires. Les Mesmer et les Allan-Kardec du temps évoquaient les morts, prédisaient l'avenir, interrogeaient le démon familier

des assistants. Le mysticisme assaisonnait la débauche, on immo-
lait en secret des victimes humaines pour lire dans leurs entrail-
les les arrêts du destin.

La grande forteresse religieuse de l'époque était le Serapeum
d'Alexandrie.

La destinée du dieu Sérapis est singulière : originaire d'Assyrie, où il était adoré sous la forme d'un serpent ailé, il végétait
assez obscurément à Sinope, petite ville grecque sur la Mer Noire,
quand le premier des Lagides, fin politique, s'avisa d'introniser un
dieu nouveau, assez mystérieux pour plaire à l'imagination su-
persticieuse et sombre des Égyptiens et capable de devenir le Pal-
ladium de sa dynastie; le culte Égyptien, raide, immuable, s'était
figé. La population indigène fuyait les temples helléniques, bien
que les Grecs crussent retrouver Bacchus dans Osiris, Aphrodite
dans Hathor, Héphaistos dans Phthâ, etc. Il y avait là un germe
de discorde que Ptolémée I ne voulut pas laisser s'envenimer ; il
reçut en songe l'ordre d'enlever Sérapis du sanctuaire de Sinope
pour l'installer à Alexandrie, où la caste sacerdotale, adroitement
caressée par le souverain, l'adopta avec enthousiasme. Que signi-
fiait au juste ce dieu nouveau ? On l'ignore (1). En Assyrie autre-
fois, il symbolisait peut-être le soleil automnal qui mûrit les
moissons et donne l'abondance. Pour les Grecs, il était tantôt le
Zeus suprême, tantôt Pluton, le dieu des morts. Les Égyptiens
qui le voyaient trôner partout à côté d'Isis, leur grande déesse,
le confondirent bientôt avec son époux Osiris, le Nil fécondant,
le conducteur des âmes. Ce vague servit merveilleusement la
fortune de Sérapis ; on eût soin de répandre dans le peuple que
le dieu étranger présidait aux inondations du fleuve et que, si
sa majesté était jamais profanée, le ciel et la terre s'abimeraient
dans le chaos.

Le Serapeum reposait sur un énorme soubassement auquel on
arrivait par un escalier de plus de 100 degrés (2); l'intérieur de cette
colline artificielle, soutenu par des arches nombreuses, formait
comme une cathédrale souterraine. Le temple, tout en marbre,
était entouré d'un portique quadrangulaire et de vastes construc-

(1) Voir Muys. *Griechenland und der Orient*. Koln. 1856. Au mot Sara-
pis, p. 150 à 153.
(2) Ammien Marcellin, L. xxii, c. 16.

tions où logeaient les prêtres et les personnes vouées au culte. La statue colossale de Sérapis, faite de lames d'or et d'autres métaux précieux, touchait des deux côtés aux murs du sanctuaire. Le dieu qui ressemblait beaucoup aux images de Jupiter était représenté assis, un sceptre à la main gauche. Coiffé d'un boisseau, il tenait de la main droite un serpent dont la queue était terminée par 3 têtes, l'une d'un chien, l'autre d'un lion, et la troisième d'un loup. On avait multiplié autour de lui les images des dieux helléniques et égyptiens qui semblaient lui faire cortége et reconnaître sa suprématie. Le Nilomètre était déposé dans le temple. Les malades payaient à prix d'or la faveur d'y coucher pour recevoir en songe l'indication des remèdes qui les guériraient. Dans la crypte, des allées souterraines figuraient les voyages symboliques que l'âme doit accomplir avant sa purification. L'affluence des dévots et des pélerins était immense. On débitait des oracles, on vendait des amulettes à l'effigie du dieu, des ceintures consacrées, des recettes magiques contre la peste et la stérilité. Des femmes attachées au temple nourrissaient des scarabées, des chats sacrés et des serpents isiaques qui, en se traînant lentement sur l'autel, permettaient aux prêtres de conjecturer l'avenir par l'inspection de leurs mouvements. Le culte avait ses mystères et ses cérémonies secrètes. Alexandrie s'énorgueillissait d'être appelée la ville de Sérapis. Cinq cents ans plus tard, Hadrien s'étonnait du fanatisme de ses habitants pour le dieu importé par Ptolémée Lagus, et le Serapeum devait être dans le monde romain le dernier boulevard du Polythéisme.

Les rois pratiquaient publiquement le culte indigène auquel ils avaient joint le culte mixte de Sérapis. Après une guerre heureuse contre un des Séleucides, Evergète II rapporta de Babylone des statues de dieux égyptiens enlevés par Cambyse, et les fit réintégrer solennellement dans leurs sanctuaires. Chacun des Lagides, à son avénement, était couronné par le grand pontife dans le temple de Phthâ, à Memphis ; coiffés du Pschent et revêtus du costume des Pharaons, les souverains présidaient aux grandes panégyries religieuses, aux fêtes annuelles d'Isis et de Sérapis dans la capitale et à Canope. Pendant toute la durée de la dynastie, ils favorisèrent la caste sacerdotale, pourvurent largement à l'entretien d'Apis, de Mnévis et des autres animaux sacrés, et bâtirent aux divinités nationales des temples magnifiques sur les modèles anciens, sans y mêler aucun élément étranger. La sculpture seule s'éloigna un peu des types hiératiques par la rondeur des formes. Elle écarta aussi les masques animaux et ne les conserva que comme des attributs que les dieux portaient sur leur poitrine (1).

Alexandrie, devenue la reine des villes grecques, célébrait avec une magnificence, qui confond l'imagination, toutes les fêtes religieuses de la mère-patrie. La description de la fête annuelle des Dyonisies (2), donne l'idée d'un siècle où la suprème élégance de l'àrt grec, encore visible, est étouffée par le luxe monstreux et la fantaisie démesurée de l'Orient ; siècle des *colosses*, des galères de 300 pieds de long, des gigantesques hélépoles, et dont le héros songea un instant à faire sculpter le mont Athos à son image.

Sur le vaste espace découvert qui s'étend devant la citadelle, on a semé des fleurs, planté des myrtes et des lauriers. Au milieu des tentes, où les soldats, les artisans et les étrangers sont invités à manger et à boire aux frais du roi, s'élève un pavillon circulaire, tendu de pourpre, supporté par des colonnes de 50 coudées de haut, en forme de thyrses et de palmiers. Tout autour règne un balcon, d'où pendent des fourrures précieuses et des tapis de Babylonie. Cent lits d'or à coussins écarlates, à pieds de sphinx, disposés devant des trépieds chargés de vaisselle d'or, ont reçu les hôtes du roi ; courtisans, hommes de guerre, philosophes, savants, mêlés aux dynastes grecs de l'Inde du Nord, aux envoyés de Rome, aux satrapes de la Parthide, aux rois-pontifes de la Cappadoce et du Pont. Ptolémée, en robe de pourpre, chaussé de brodequins dorés, la tête cerclée d'un diadème d'or, à pointes, fait le tour des tables, plaisante avec les convives et répond à leurs toasts avec la coupe que lui présente son bel échanson Clino, dont il a multiplié les images sur les places publiques. Il déclare que quiconque restera sobre aujourd'hui, encourra sa disgrâce.

Cependant, la procession qui s'est formée dès la pointe du jour dans le Bruchion, s'engage sur la place pour se rendre au Stade, et, de là, traverser la ville entière.

La statue symbolisant Hespéros, l'étoile du matin, ouvre la marche, précédant les bannières des corporations, les images des dieux, des génies, des héros helléniques, d'Alexandre-le-Grand et

(1) *Hirt. Geschichte der Baukunst deu alten.* II. 383.
(2) Athénée, livre 5, p. 196 à 203.

des ancêtres du roi, les unes dorées, les autres revêtues de robes
éclatantes.

Des enfants avec des brûle-parfums, des satyres portant des
lampes allumées, des trépieds et des victoires, les tables d'argent
où sont placés l'autel de Bacchus et le lit nuptial de Sémélé, an-
noncent le char à 4 roues, traîné par 180 hommes, où les prêtres
et les prêtresses, les chorèges des musiciens et des acteurs, les
Bacchants et les Ménades, les cheveux épars, maniant des poi-
gnards et des serpents, s'agitent autour de la statue du dieu, brillante d'or et de pourpre ; elle tient à la main droite un carchesion
dont elle semble laisser fuir le contenu dans le désordre de l'i-
vresse ; à ses pieds sont amoncelés les cratères, les couronnes,
les thyrses, les tambours, les masques tragiques et comiques.

La légende du dieu se déroule ensuite dans une série de tableaux
vivants.

Un char, traîné par 60 hommes, porte la figure automatique de
Nysa, la nourrice de Bacchus, couronnée de lierre et de raisins
d'or, vêtue d'une robe jaune et d'un manteau laconien ; par l'effet
d'un mécanisme, elle se lève de temps en temps pour répandre
du lait d'une coupe, et se rassied. Des satyres, conduits par Silène,
font entendre un chant de nourrice.

Après une outre et un cratère d'argent de dimensions fabu-
leuses, remplies de vin ; après un buffet d'or de 10 coudées, à 6
gradins, étalant des pierreries et des objets d'art, apparaît traîné
par 300 hommes un gigantesque pressoir plein de raisins. 60 Satyres les foulent en chantant au bruit des flûtes la chanson du
pressoir, et le vin coule tout le long du chemin. 300 enfants, en
robes blanches, le recueillent avec des conges et des psyctères
d'or, et donnent à boire aux spectateurs.

Sur un autre char, on voit Bacchus se réfugiant à l'autel de
Rhéa, pour échapper à la colère de Junon. Des nymphes couron-
nées d'or, des hommes portant des candélabres et des cratères
d'or ornés de figures en relief, accompagnent un char figurant un
antre de couleur rougeâtre et tapissé de lierre, d'où s'envolent
continuellement des ramiers et des tourterelles, ayant aux pattes
des rubans de couleur, pour qu'on puisse les saisir au vol. Deux
sources en jaillissent, l'une de lait, l'autre de vin.

Toutes ces représentations ne sont que le prélude de la plus
éclatante, du triomphe de Bacchus revenant de l'Inde, qui, pour

tous les assistants, se confond avec le triomphe d'Alexandre-le-Grand et de l'Hellénisme.

Le dieu est assis, un thyrse d'or à la main, sur un éléphant enguirlandé de lierre, harnaché d'or. Sur le cou de l'animal, un satyre couronné de branches de pin semble donner un signal avec une corne de chèvre. Une lance et un thyrse de 90 coudées, un prodigieux phallus surmonté d'une étoile d'or, passent sur des chars. 500 jeunes filles en robes de pourpre, 120 satyres pourvus de tous leurs attributs, des bandes d'ânes à fronteaux d'argent montés par des Silènes, précèdent une multitude de chars attelés de lions, d'éléphants, d'oryx, de bubales et d'autruches conduits par de jeunes garçons en tuniques de brocart d'or, armés de lances. On y voit les armes et les tentes des nations conquises, des femmes Indiennes et Parthes dans l'attitude de captives, et les images dé toutes les villes grecques affranchies de la domination du Perse par le nouveau Bacchus, le fils de Jupiter et d'Olympias.

Les attributs des principales divinités Helléniques, la foudre, la lyre, l'égide, le caducée, le trident entourent un temple de 40 coudées de circuit qu'embrasse une couronne d'or étincelante de pierreries, et que suivent 300 joueurs de flûte, 300 citharistes, et 2,000 taureaux aux cornes dorées conduits par des sacrificateurs.

Le reste du cortège est un étalage des richesses et de la puissance de la monarchie. Des chameaux passent, chargés d'encens, de casia et de cinnamome. Des Ethiopiens portent des dents d'éléphant, des troncs de bois d'ébène et des vases pleins de paillettes d'or. Des chasseurs armés de javelots d'or conduisent des chiens de l'Inde, des lynx, des girafes et des panthères, d'autres tiennent des arbres d'où pendent des peaux d'animaux rares, et des cages remplies de paons, de perroquets et d'oiseaux d'Ethiopie. L'armée toute entière, 70 mille hommes environ, défile ensuite devant le pavillon royal ; archers et frondeurs crétois, lanciers cataphractes, phalangites à boucliers d'airain et à boucliers d'argent, cavalerie légère thrace et nyséenne, éléphants de guerre.

Qu'eût dit, à ses beaux jours, la sobre Athènes, à l'aspect de cette pompe inouie? Ce n'était plus là le triomphe, c'était le carnaval de l'Hellénisme.

La procession est terminée ; la foule encombre les thermes, court aux théâtres applaudir Sophocle, Ménandre, ou quelque astre, aujourd'hui oublié, de la nouvelle Pléiade Alexandrine. Le gymnase, le stade, le cirque, le grand amphithéâtre voisin de la porte de Canope se remplissent de spectateurs. Des trépieds d'or, offerts par le roi, sont distribués aux vainqueurs. Le soir est venu ; la métropole du commerce et de la science est aussi la capitale du plaisir ; une cour licencieuse et raffinée donne l'exemple. Dans les ports, les navires montrent à leurs proues, tracés en lettres de feu, les noms de leurs propriétaires. D'admirables travaux d'irrigation ont changé en jardins parfumés le sol aride et blanchâtre du désert libyque dont l'isthme qui porte Alexandrie n'est qu'un prolongement. Les villas somptueuses, ensevelies dans les jasmins, les mimosas et les persea-laurus, les tavernes et les restaurants-lupanars où s'entassent les soldats, les matelots, les pirates Pharites, bordent les deux rives du canal de Canope (1). Les barques thalamèges, les canges de parade aux voiles de pourpre, aux rames d'argent, manœuvrées au son de la musique, en remontent le cours pour aborder au faubourg d'Éleusis, car cet asile du plaisir porte le nom du lieu sacré où les Athéniens allaient chercher le remède de l'âme. — Là sont les retraites voluptueuses réservées à la foule élégante et opulente, les *Deliciæ Alexandrinæ* que chanteront un jour les poètes de Rome. Les hétaïres en renom, les Mnésis, les Pothina, les Myrtine, qui ont leurs palais et leurs statues dans la grande ville, s'y rencontrent avec les satrapes hellènes qui gouvernent aujourd'hui les nomes de Sésostris, avec des gens de cour, des étrangers, des artistes. Sur les lits à coussins de pourpre, inondés de fleurs, devant des tables chargées de scares, de rôtis de paons et d'antilopes, de fruits d'Antirhodus, les convives boivent les vins de l'Archipel mêlés à l'eau du Nil rafraîchie dans des calices de lotus. Dans la vapeur des aromates, les mélodies ioniennes accompagnent les danses des jeunes filles égyptiennes et grecques représentant les heures du jour et de la nuit, des bouffons et des androgynes. Toutes les idées folles, brillantes, ingénieuses, inattendues, qui, comme des étincelles, jaillissent incessamment de la fournaise Alexandrine, se heurtent dans un dialogue étrange,

____

(1) Strabon, xvii, p. 800.

où les négations audacieuses, et les railleries sans frein, les délires superstitieux et les vagues pressentiments, les récits des pays inconnus dont la sombre Égypte n'est que le seuil, l'évocation de la patrie hellénique et de mille ans de souvenirs, révèlent tous les contrastes de ce monde de déclin. Après s'être moqué des dieux, on exhibe des amulettes ; un sophiste déclame ; un philosophe hasarde un système bientôt mis à néant par le rire étincelant d'une hétaïre. Pour exciter les heureux à user de l'heure rapide, un esclave noir pose sur la table du banquet une momie emprisonnée dans ses bandelettes funèbres. La Grèce antique aurait eu horreur de ce raffinement, particulier à l'Égypte, le pays des morts.

Telle était l'Alexandrie des Ptolémées, le résumé de ce moyen-âge gréco-oriental qui commença à la mort d'Alexandre, et finit par le triomphe du christianisme.